NATIONAL GEOGRAPHIC

Peldaños

Explorador
T.H. Culhane:
SOLUCIONES
ENERGÉTICAS

ENERGÍA Esencial

por Glen Phelan

"Todos necesitamos energía. ¿Cuál es la mejor manera de obtenerla? Encontré respuestas donde menos las esperaba... en aldeas de las profundidades del bosque tropical". –T.H. Culhane

¿Podrías pasar un día sin usar alguna fuente de energía? Eso es solo 24 horas... no hay problema, ¿verdad? Solo recuerda: casi todo lo que haces requiere energía.

Entonces, ¿de dónde obtenemos la energía que usamos? Gran parte de ella proviene de los combustibles fósiles: petróleo, carbón y gas natural. Las centrales eléctricas queman estas fuentes de energía para producir electricidad. Luego, una red gigante de cables lleva la electricidad a través de los Estados Unidos. La red conecta ciudades, pueblos y granjas a las centrales eléctricas. Una red de tuberías también suministra gas natural a muchas ciudades.

Estas fuentes de energía, sin embargo, no son perfectas. Hay una cantidad limitada de combustible fósil, y quemarlo produce contaminación. También sucede lo mismo con la gasolina, que proviene del petróleo.

THOMAS TAHA RASSAM CULHANE, o **T.H.,** es urbanista. A diferencia de la mayoría de los urbanistas, T.H. no diagrama calles o parques. Ayuda a los habitantes de las ciudades a encontrar maneras de resolver problemas difíciles: problemas de energía y problemas de basura.

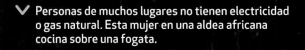

⌄ Personas de muchos lugares no tienen electricidad o gas natural. Esta mujer en una aldea africana cocina sobre una fogata.

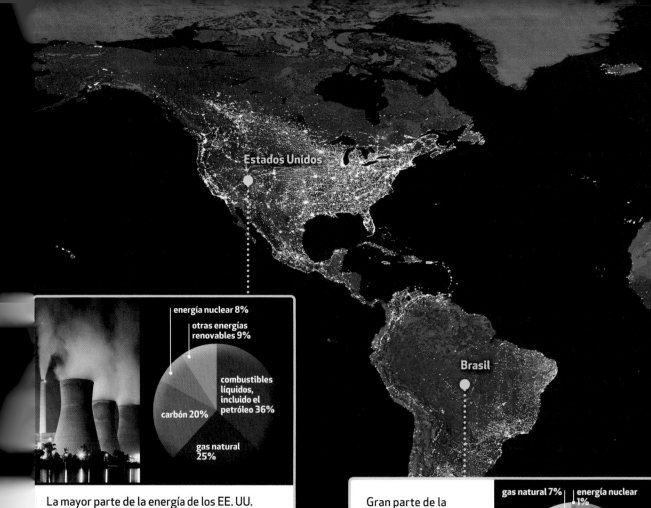

Estados Unidos

Brasil

energía nuclear 8%

otras energías renovables 9%

combustibles líquidos, incluido el petróleo 36%

gas natural 25%

carbón 20%

La mayor parte de la energía de los EE. UU. proviene de la quema de combustibles fósiles. Parte de la electricidad proviene de la **energía nuclear.** La energía nuclear proviene de la división de átomos. Los átomos son partículas diminutas que componen la materia. Solo una pequeña parte de la energía de los EE. UU. proviene de fuentes renovables como la energía solar y la eólica. Estas fuentes se pueden usar una y otra vez sin agotarse.

Gran parte de la energía de Brasil proviene del agua. La fuerza del agua en movimiento hace girar un generador para producir electricidad. Esta es **energía hidroeléctrica** y es renovable.

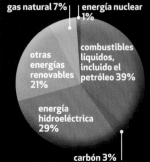

gas natural 7%

energía nuclear 1%

combustibles líquidos, incluido el petróleo 39%

otras energías renovables 21%

energía hidroeléctrica 29%

carbón 3%

Fuentes de energía
ALREDEDOR DEL MUNDO

Para ti, obtener energía es tan fácil como accionar un interruptor. Pero en muchos lugares del mundo no se puede obtener energía con facilidad. Remotas áreas del mundo con frecuencia no están conectadas a una red eléctrica. Observa este mapamundi. El mapa se hizo con muchas fotos nocturnas que se tomaron desde el espacio. Fíjate dónde la electricidad

India

gas natural 7%

otras energías renovables 2%

energía nuclear 1%

combustibles líquidos, incluido el petróleo 24%

carbón 42%

combustibles sólidos y desechos 24%

Gran parte de la energía de la India proviene de la quema de combustibles sólidos. En áreas rurales se quema madera para cocinar. Los desechos sólidos del tallo de la caña de azúcar también se queman como combustibles. Primero se les quita el jugo a los tallos.

China

gas natural 4%

energía hidroeléctrica 6%

otras energías renovables 0.3%

energía nuclear 1%

combustibles líquidos, incluido el petróleo 19%

carbón 70%

La mayor parte de la energía de China proviene de la quema de carbón. La quema de carbón produce mucha contaminación.

ilumina nuestro mundo, y dónde no. Las gráficas dan información sobre el uso de la energía.

En varios de los lugares con pocas luces o sin ellas, T.H. Culhane ha ayudado a encontrar maneras creativas de obtener energía, sin quemar nada. Eso sí que es un verdadero desafío.

Compruébalo   ¿Qué tipos de energía se usan en China?

Soluciones solares

Dingboche

por T.H. Culhane

Es un día soleado en el valle. El día es brillante, pero la luz solar no calienta mucho aquí a 4,400 metros (14,436 pies) de altitud. Hoy mi equipo está en Dingboche, una pequeña aldea en el Himalaya, Nepal. Picos altos se elevan a nuestro alrededor. De hecho, la montaña más alta del mundo (el monte Everest) está a la vista. ¡Esto es estar fuera de la red!

Cerca de 200 personas viven en esta aldea diminuta. Pero cada verano, cientos de visitantes deambulan por aquí camino a escalar el monte Everest. Y todas estas personas necesitan energía. Queman combustible para mantenerse calientes y cocinar alimentos. Parte de ese combustible es querosén, un líquido que se hace con petróleo. Otra parte es gas natural. Los yaks cargan tanques de estos combustibles y suben las montañas. Otro combustible es el enebro. Estos arbustos ayudan a mantener el suelo en su lugar, lo que es importante en las montañas. Pero algunas laderas que solían estar cubiertas con enebro ahora están desnudas, pues se han estado quemando los arbustos como leña.

Cargar tanques de combustible es difícil. Y quemar los enebros daña el medio ambiente. Tengo una idea mejor para obtener energía, y está aquí mismo en las montañas: ¡la luz solar!

Un yak lleva un tanque de gas natural cuesta arriba en el Himalaya.

Algunos queman enebro para calefaccionarse. ¿De qué otras maneras se puede obtener energía en las montañas?

Quizá la luz solar no caliente mucho el aire aquí, pero ciertamente puede calentar el aire que está dentro de estos tubos especiales de cristal. En este viaje, instalaremos estos tubos en el techo de una edificación. Subámonos y comencemos a usar esta energía.

Comenzaremos por usar la luz solar para calentar agua. Las paredes de cada uno de estos tubos solares especiales tienen dos capas de vidrio con un espacio vacío entre ellas. La capa exterior permite que la luz solar pase a través de ella. La luz solar es una forma de **energía solar.** Cuando la luz solar choca contra la capa interna de vidrio, se convierte en energía calórica. La energía calórica hace que el interior de los tubos se caliente.

T.H. coloca unos tubos de cristal en su lugar sobre un tanque de agua. Estos tubos de cristal concentran la energía solar que calienta el agua en el tanque.

Piensa en la manera en la que la luz solar brilla a través de las ventanillas de los carros y calienta su interior. ¡Los asientos del carro se pueden calentar bastante!

Hay un líquido dentro de los tubos. Este líquido se calienta a medida que los tubos absorben la energía solar. Los tubos solares se sujetan a un tanque de agua y estos tubos calientan el agua de los tanques. Uno de estos tubos no calentará mucha agua. Pero 20 ó 30 pueden calentar un tanque de agua a 80 °C (176 °F). Esto es bastante caliente como para lavar y cocinar.

Bien, el último tubo está en su lugar. ¡Caminemos a la otra sección del techo y construyamos otra "idea brillante"!

T.H. y su equipo usan las habilidades de los pobladores locales. Encuentran soluciones para sus necesidades energéticas. La mayor parte del trabajo es más simple que el trabajo que realizan los comerciantes locales.

Usar luz solar para calentar agua es una manera perfecta de usar la energía del sol. Si tan solo pudiéramos usar la luz solar para producir electricidad... Bueno, ¡claro que podemos! Nuestro equipo instala paneles de **celdas solares** que hacen precisamente eso. Una celda solar está hecha de materiales especiales. Los materiales producen una corriente eléctrica cuando la luz choca contra ellos. Con 72 celdas solares se puede hacer funcionar radios o computadoras portátiles. Si cientos de miles de celdas solares se conectaran a paneles solares, se podría hacer funcionar hornos microondas, refrigeradores o televisores de pantalla grande.

Nuestro equipo instala cables para transportar la energía desde los paneles solares.

La energía solar no es nada nuevo. De hecho, casi toda la energía que usamos proviene del sol. El carbón proviene de plantas que usaban la luz solar para crecer hace millones de años. El petróleo y el gas natural provienen de antiguos animales diminutos que comían seres vivos más diminutos que usaban la luz solar para crecer. La luz solar calienta la Tierra. El calor hace que sople el viento y haga circular el agua por el medio ambiente. Por lo tanto, la energía del viento y el agua en movimiento realmente provienen de la energía solar. Por medio de estas ideas, les enseño a las personas cómo poner la energía solar en funcionamiento. Así que, ¡tiene sentido!

La energía solar ayuda a habitantes de Nepal a satisfacer sus necesidades energéticas.

Compruébalo ¿En qué sentido son el sistema solar de agua caliente y los paneles solares buenas soluciones energéticas en lugares remotos como Dingboche?

GÉNERO Entrevista

Lee para descubrir cómo T.H. Culhane usa soluciones de ingeniería para convertir la basura en energía aprovechable.

T.H. Culhane:
URBANISTA

por Lara Winegar

¿Qué haces en la mañana cuando te despiertas? ¿Enciendes las luces? Quizá pones pan en la tostadora para desayunar. Como sea que comiences el día, es probable que uses electricidad.

Más de 1.5 mil millones de personas en el mundo no tienen acceso a la electricidad. T.H. Culhane es urbanista. Enseña cómo satisfacer las necesidades energéticas.

T.H. Culhane es experto en encontrar soluciones a los problemas energéticos. T.H. ha ayudado a personas de todo el mundo. Ha resuelto problemas en aldeas de las montañas de Nepal. También ha ayudado a encontrar soluciones en El Cairo, Egipto.

T.H. comenzó en el bosque tropical de Borneo. Estudió a los habitantes del bosque tropical. Ellos prosperaron en su medio ambiente. T.H. pensó: "¿Cómo podemos hacer lo mismo en las ciudades?".

Conversemos con T.H. sobre algunas de sus soluciones energéticas.

T.H. Culhane y un amigo le echan un vistazo a la comida. Cocinan cerdo en esta estufa experimental. La estufa no quema árboles del bosque. En cambio, funciona con residuo de aserrín.

13

NATIONAL GEOGRAPHIC:
¿Por qué fuiste a los bosques tropicales?

T.H. CULHANE: Supe que los habitantes de los bosques tropicales obtienen toda su energía del bosque. Fui a vivir con ellos para aprender cómo lo hacían.

NG: Tu trabajo te lleva por todo el mundo. Siempre intentas encontrar soluciones energéticas sustentables. ¿Qué significa eso?

T.H. CULHANE: *Sustentable* significa que algo se hace de tal manera que se puede seguir haciendo. Este es un ejemplo: puedes guardar algunas de las semillas de tu huerta de este año. Luego plantas esas semillas el año siguiente. Puedes hacer esto año tras año. Nunca te quedarás sin semillas. Esa es una manera sustentable de cultivar un huerto.

NG: Trabajas en algunos de los lugares más pobres del mundo. ¿Los habitantes de estos lugares pueden pagar estos sistemas sustentables?

T.H. CULHANE: Sí, ¡claro que pueden! Las comunidades pobres son ricas en posibilidades e ideas innovadoras. Estos sistemas sustentables se pueden construir usando principalmente materiales reciclados. Cuestan muy poco y brindamos los planos básicos. Luego los pobladores trabajan mucho para ayudarse entre sí. Usan sus conocimientos y su creatividad para adaptar los planos y ayudar a construir los sistemas.

Habitantes de Tanzania, África, encuentran soluciones energéticas creativas.

15

Identificar y describir el problema

NATIONAL GEOGRAPHIC: Recibiste educación como urbanista. Pero también pareces un **ingeniero**. ¿La ingeniería es importante en tu trabajo?

T.H. CULHANE: Sí, lo es. No estudié ingeniería, pero abordo los problemas como un ingeniero. Probablemente, tú también lo haces. Piensa en lo que sucede cuando tu pelota de baloncesto se queda atascada entre el aro y el tablero. Primero, identificas el problema: la pelota está atascada. Luego, usas lo que sabes para descubrir cómo bajar la pelota golpeándola con otra pelota. Así se resuelve el problema como un ingeniero.

NG: ¿Qué problemas energéticos has identificado en las áreas en las que has trabajado?

T.H. Culhane explica algunos de los beneficios del biodigestor a los líderes de la aldea.

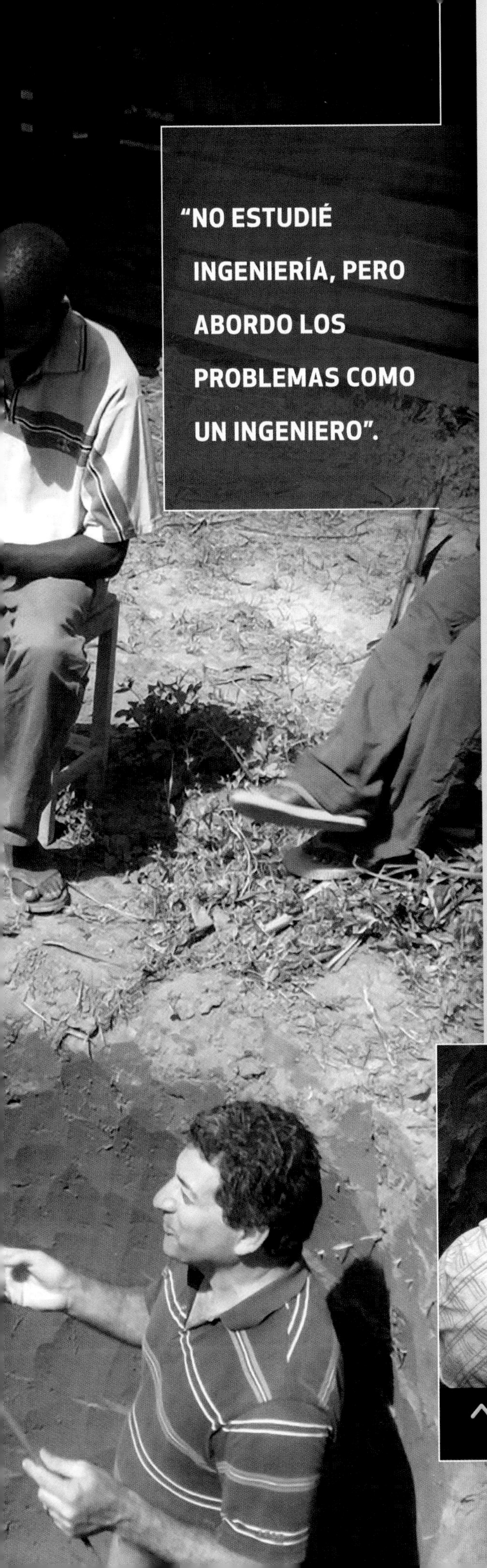

"NO ESTUDIÉ INGENIERÍA, PERO ABORDO LOS PROBLEMAS COMO UN INGENIERO".

T.H. CULHANE: Uno: ¿cómo obtenemos suficiente energía? La mayor parte de la energía que usan los seres humanos proviene originalmente del sol. Tenemos que transferir la energía del sol a una forma que podamos usar. Dos: ¿cómo podemos deshacernos de los desechos sin dañar el medio ambiente?

NG: ¿Cómo transferimos energía en formas que podamos usar?

T.H. CULHANE: La energía solar es una solución sustentable para un problema energético. No se agota. Hemos desarrollado un dispositivo llamado **biodigestor.** El biodigestor puede transferir la energía de los desechos a energía que podemos usar.

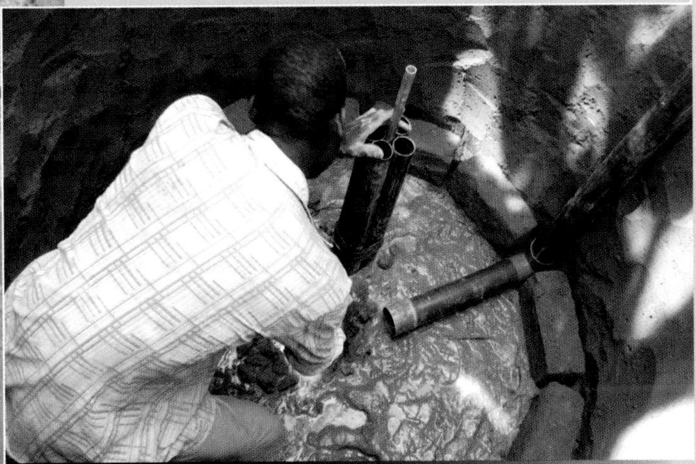

Un aldeano pone los cimientos de la base del biodigestor.

Soluciones de ingeniería

NATIONAL GEOGRAPHIC: ¿Cómo se te ocurrió la idea de convertir la basura en energía?

T.H. CULHANE: Deshacerse de los desechos sin dañar el medio ambiente es importante. Algunas culturas comprenden que todo tiene un uso. Muchas personas recolectan plástico, vidrio y metal que otros desechan. Son cosas valiosas que esperan para que alguien descubra cómo usarlas. Se pueden construir calentadores de agua solares de materiales reciclados. Los desechos de alimentos y los desechos del baño también son útiles. Son formas de energía. Por lo tanto, ¡un problema también es una solución!

∧ Joram Samson trabaja en el tanque de retención de un biodigestor.

Joram Samson es un instructor local para el biodigestor. Les enseña a sus vecinos cómo funciona el sistema.

NG: ¿Cómo se obtiene energía útil de los desechos?

T.H. CULHANE: Primero construimos un tanque de retención. Con frecuencia usamos materiales reciclados que otros han desechado. Luego molemos nuestras sobras de alimentos en un moledor de basura. La basura molida se canaliza hasta el biodigestor. Lo mismo pasa con los desechos humanos del baño. Luego las bacterias se alimentan de los desechos en el biodigestor. A medida que se alimentan, producen gas metano. Quemamos el gas metano en la estufa para cocinar. Incluso se puede quemar el gas en un generador para producir electricidad.

NG: ¿El biodigestor produce algo además del gas?

T.H. CULHANE: Sí, el proceso también produce un rico fertilizante líquido. Lo usamos en nuestro huerto.

Se agrega estiércol de vaca a la mezcla. Se retira la paja que estaba mezclada con el estiércol. La paja puede bloquear el gas y evitar que se desplace por las tuberías.

19

Diseñar y mejorar soluciones

NATIONAL GEOGRAPHIC: Los ingenieros siempre buscan maneras de mejorar las soluciones a los problemas. ¿Qué mejoras le han hecho al biodigestor?

T.H. CULHANE: Hemos hecho un par de mejoras hasta ahora. Pusimos redes dentro del biodigestor. Las redes aumentan la superficie en la que pueden crecer las bacterias. Eso significa que se producen más bacterias y más gas. También agregamos tuberías alrededor del biodigestor. Hacemos correr agua caliente a través de estas tuberías para que el interior de los tanques permanezca caliente. A las bacterias les encanta el calor. El calor puede mantenerlas activas y "masticando" nuestros desechos cuando el estado del tiempo es más frío.

Se instala el tanque que contiene el gas. Sube o baja dependiendo de la cantidad de gas que hay dentro del tanque.

NG: Suena como que un sistema solar de agua caliente y el sistema del biodigestor pueden funcionar juntos. ¿Esto es correcto?

T.H. CULHANE: ¡Absolutamente! Te doy un ejemplo: me ducho con agua calentada por el sol. El agua caliente se va por el drenaje al biodigestor. El agua caliente ayuda a mantener el buen funcionamiento del biodigestor. Cuando no brilla el sol, el agua del sistema de agua caliente permanece caliente en un tanque aislado. Imagina que se acaba el agua. Luego hay varios días nublados seguidos. Puedes usar el gas del biodigestor para calentar más agua. Así que, ¡los dos sistemas funcionan perfectamente en conjunto!

∧ Se agregan desechos de animales al tanque.

Resultados

NATIONAL GEOGRAPHIC: Los ingenieros analizan sus resultados para ver qué han aprendido y qué pueden hacer después. ¿Qué has aprendido del trabajo que ha hecho tu equipo?

T.H. CULHANE: Hemos aprendido muchas cosas. Ahora sabemos que las soluciones económicas a los problemas de energía y basura realmente funcionan. Lo hemos comprobado en lugares de todo el mundo. Por supuesto que los sistemas de agua caliente y biodigestores se pueden comprar. Pero hemos demostrado que uno mismo puede hacer estos sistemas. Cuando se usan materiales reciclados, el costo es muy bajo.

NG: Entonces, ¿qué sigue?

T.H. CULHANE: Nuestro objetivo es ayudar a desarrollar soluciones energéticas sustentables.

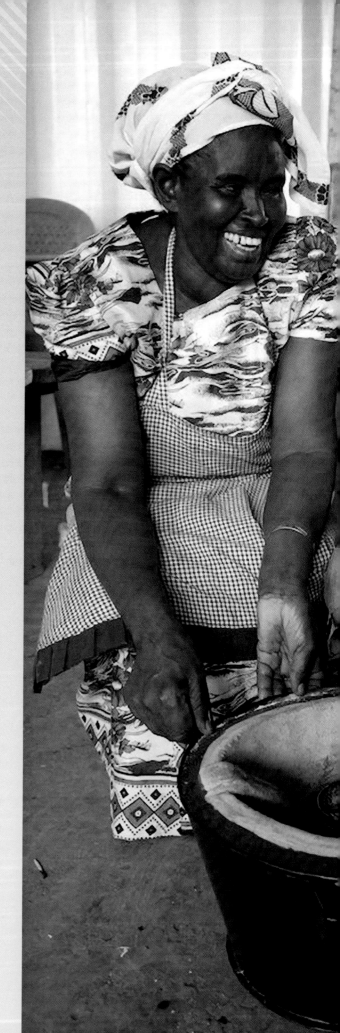

Eso significa usar las fuentes de energía disponibles, principalmente la energía solar. Enseñamos cómo usar las celdas solares más baratas para producir electricidad propia. Enseñamos cómo construir molinos de viento para producir energía.

Nuestro equipo siempre trabaja con los pobladores locales para llegar a ideas que funcionen. Una vez que te das cuenta de que no existe tal cosa como la basura, se abre todo un mundo de soluciones. Nuestras ciudades tienen todo lo que necesitamos para resolver nuestros problemas energéticos. Así como los aldeanos en el bosque tropical, los habitantes de las ciudades pueden vivir de manera sustentable y bien.

"ASÍ COMO LOS ALDEANOS DEL BOSQUE TROPICAL, LOS HABITANTES DE LAS CIUDADES PUEDEN VIVIR DE MANERA SUSTENTABLE Y BIEN".

T.H. visita una comunidad en África. Allí los pobladores han desarrollado esta estufa. Puede obtener energía del gas metano o de la quema de madera.

Compruébalo Describe un ejemplo en el que T.H. Culhane actuó como ingeniero.

23

Comenta

1. ¿Qué conexiones puedes establecer entre las tres lecturas de *Soluciones energéticas?*

2. Compara y contrasta cómo los habitantes de Nepal obtienen la energía que usan y cómo obtienes tú la energía que usas en casa y en la escuela.

3. ¿Por qué es difícil obtener energía en algunos lugares del mundo?

4. Describe un momento en el que hayas resuelto un problema usando el método que usan los ingenieros para resolver problemas.

5. ¿Qué te sigues preguntando sobre la solución de los problemas energéticos? ¿Qué preguntas le harías a T.H. Culhane?